DEUX FRANCS LA LIVRAISON.

EGLISES BYSANTINES

EN

GRECE

PAR A. COUCHAUD. ARCHITECTE.

Reçu du ministre avec une planche Noy. Beukhot 1842 n° 4811.

:PARIS:

LENOIR Quai Malaquais N.º 5.

:MDCCCXLII:

CONDITIONS DE LA SOUSCRIPTION.

L'ouvrage entier formera un volume petit in-folio composé de cinq feuilles de texte historique et explicatif, accompagné de 45 planches gravées et lithographiées. il sera publié en 15 livraisons.

---

il paraîtra une livraison par mois composée de 3 planches, ou de 2 planches et une feuille de texte.
le prix de la livraison est de 2 francs.

L'ouvrage complet coûtera 80 francs sur beau papier blanc et 40 sur papier de chine.

---

il sera tiré à 300 exemplaires.
au 1er. novembre 1842 l'ouvrage sera terminé.

ON SOUSCRIT

à **PARIS** chez LENOIR Marchand d'Estampes quai Malaquais N.° 5.
à **LYON** chez A. BARROIS Libraire rue S.t Dominique N.° 1.
et les principaux libraires.

LYON,
IMPRIMERIE DE LOUIS PERRIN,
Rue d'Amboise, 6.

CHOIX
D'ÉGLISES BYSANTINES
EN GRÈCE.

PAR

A. COUCHAUD, ARCHITECTE.

PARIS,
LENOIR, QUAI MALAQUAIS, 5.

M DCCC XXXXII.

INTRODUCTION.

Beaucoup de personnes ont déjà pu se convaincre, par les nombreuses publications sur l'architecture du moyen-âge, que l'art architectural pouvait encore renfermer des beautés en dehors de l'antique.

Jusqu'à ce jour la Grèce ancienne nous était seule connue, et la Grèce du moyen-âge restait à connaître. L'architecture de cette époque, que j'essaierai de reproduire ici, offre cependant, comme on pourra s'en assurer, une foule de motifs ingénieux et de combinaisons applicables dans notre architecture moderne. Ces monuments, quoique petits pour la plupart, portent tous le cachet du génie, et ils doivent nous intéresser sous plus d'un rapport, car ils ont été l'œuvre d'un peuple malheureux, asservi, et qui a su conserver pendant si longtemps le feu sacré des Hellènes.

C'est de l'époque où Constantin, maître de l'empire, quitta Rome pour fonder une nouvelle capitale, que date cette ère nouvelle dans l'histoire de l'architecture. C'est ainsi que cet empereur, ayant une fois embrassé le christianisme, dut adopter pour ses temples les plans des basiliques déjà construites dans son ancienne capitale. Mais la basilique romaine transportée en Orient dut perdre peu à peu de sa forme primitive pour se conformer aux exigences de sa nouvelle patrie, tant il est vrai que ce qui est convenable et parfait pour un pays ne peut s'appliquer exactement dans un autre. L'architecture nouvelle qui se créa alors, nous l'avons appelée bysantine, du nom de la ville où elle a consacré son plus beau type : Ste-Sophie.

Comment se forma cette nouvelle école d'architecture? c'est ce qu'on ignore; mais il est facile de concevoir que les Romains, alors maîtres de l'art, appelés en Grèce pour y élever des temples au vrai Dieu, ne purent y faire adopter entièrement leur architecture, et que le génie créateur de l'ancienne Grèce, qui avait jeté tant d'éclat quelques siècles auparavant, et se trouvait comprimé par la domination romaine, devait nécessairement se rallumer à un autre flambeau : celui du christianisme.

Pour la seconde fois, les Grecs devinrent les architectes par excellence pour tout l'Orient, et leur style se reproduisit même en Occident, mais après avoir été modifié dans ses formes légères, pour donner naissance au roman, au normand, au saxon et au lombard; enfin l'époque des croisades devait réagir sur toutes ces variétés de l'art bysantin, en les rapprochant de leur type primitif, comme cela se remarque dans nos monuments du XIIe siècle.

Cette architecture orientale, qui doit seule nous occuper ici, présente une foule de particularités qui en font un style tout-à-fait à part, et différant essentiellement des premières basiliques dont elle dut s'inspirer au moment de sa création. Afin d'en faire comprendre toutes les nuances, je la diviserai en trois périodes ayant chacune son type caractéristique que je ferai connaître par des descriptions et des exemples.

La première période comprendra l'espace de temps compris entre le IVe et le VIe siècle;

La seconde, entre le VIe et le XIe siècle;

Et la troisième, du XIe siècle jusqu'au moment de l'invasion définitive de la Grèce par les Ottomans.

PREMIÈRE PÉRIODE.

EU de basiliques de cette première période nous sont restées; mais Eusèbe, l'historien de Constantin, nous apprendra que tous ces nouveaux temples étaient construits sur un plan rond ou octogone, et qu'ils étaient surmontés d'un dôme. C'est ainsi que la basilique construite à Antioche par Constantin était octogone, la basilique élevée en Syrie par Hélène, mère de Constantin, était circulaire; les basiliques de St-Marcellin, de Ste-Constance à Rome, de St-Vital à Ravenne, nous offrent encore des types conformes aux descriptions d'Eusèbe. D'octogones et circulaires, les plans finirent par devenir carrés, et sur ces nouveaux plans s'élevèrent des façades d'une forme tout-à-fait particulière, et qui varièrent par la suite. Les plus anciennes de ces façades présentaient une masse carrée, terminée à son sommet par une corniche en pierre ou marbre et souvent en briques, formant des angles saillants et rentrants. Sur les façades il n'y avait aucun fronton indiquant la pente du comble; car la charpente, alors comme plus tard, ne fut jamais employée par les Grecs pour couvrir ces édifices : on se servait seulement de terrasses et de dômes. Une ou plusieurs portes donnaient accès dans ces églises, elles étaient généralement ornées de moulures très refouillées, et le linteau soulagé par un arc en décharge. Nous avons dit que toutes les églises de cette époque étaient surmontées d'un dôme : ces dômes étaient élevés, percés, dans leur partie inférieure, d'une infinité d'ouvertures qui éclairaient l'intérieur de la coupole. Selon Eusèbe et Paul-le-Silencieux, ces dômes étaient recouverts de plomb et quelquefois dorés; ceux qui se trouvent encore en Grèce sont simplement recouverts de tuiles en terre cuite. Les façades latérales de cette première période de l'art bysantin diffèrent peu des façades principales; il y avait aussi une porte sur les façades latérales. Les absides, souvent au nombre de trois, symbole des trois personnes de la Sainte-Trinité, étaient simples, et leur forme plus souvent demi-circulaire que polygonale ; elles étaient percées d'une ou de plusieurs ouvertures. Dans l'intérieur de ces églises, la nef était toujours précédée d'un vestibule. Les femmes avaient aussi leur place réservée : une tribune, régnant autour de la nef et s'arrêtant auprès du sanctuaire, prenait jour extérieurement par des ouvertures placées au-dessus de la porte principale, et quelquefois encore sur les façades latérales.

La nef était peu étendue en longueur, et là surtout existe la grande différence des basiliques latines et des basiliques grecques. Quatre colonnes, occupant le centre de l'église, servaient à supporter la coupole. Les coupoles étaient, comme on le voit, élevées sur un plan carré, et les angles rachetés par des pendentifs, dont les combinaisons ingénieuses et variées sont surtout remarquables. Les extrémités de la nef étaient recouvertes par deux coupoles hémisphériques.

Voici quels sont les traits les plus caractéristiques qu'on remarque depuis Constantin, jusques vers le milieu du VIe siècle

SECONDE PÉRIODE.

ETTE seconde période, qui nous apporte aussi ses types et ses modifications, nous aidera surtout à la connaissance des progrès que Justinien imprima sur l'art chrétien de cette époque.

Le premier édifice qui s'offre à nous est la petite église de Ste-Sophie à Constantinople, convertie en mosquée depuis l'invasion ottomane. Le contour extérieur de son plan est carré, et il enveloppe un autre plan octogone conforme à celui de St-Vital ; les tribunes des femmes règnent aussi au premier étage, et la nef est surmontée d'une coupole. De la petite église de Ste-Sophie, nous passons à la grande Ste-Sophie commencée par Justinien, pour remplacer l'église incendiée peu de temps auparavant; son plan est facile à reconnaître pour n'être qu'une amplification de la petite Ste-Sophie, sauf l'allongement de son octogone; les tribunes règnent aussi dans l'intérieur; son dôme, plus beau et plus riche que tous les précédents, est percé d'une infinité de fenêtres; enfin, elle nous offre le résumé de l'idée ébauchée par les premiers artistes byzantins. Il est à présumer que l'effet qu'elle produisit sur tout l'empire grec dut être immense, par la réaction qui s'opéra alors sur l'art en général. Dès ce moment les artistes grecs, tout en adoptant ces nouvelles combinaisons, ne méprisèrent pas celles qui les avaient précédées, et surent se conformer au luxe et aux besoins des villes qui consacraient ces basiliques ; alors le système de décoration extérieure dut aussi nécessairement changer. Plus tard, on fit subir à l'extérieur la forme produite intérieurement; cette combinaison, s'appliquant d'abord sur la nef et les transsepts finit par devenir générale, au point qu'on ne voyait plus extérieurement au sommet de l'édifice aucune ligne droite. Les églises du Dieu-Tout-Puissant, et du monastère de la ville à Constantinople, qui ont encore conservé les toitures de cette époque, nous offrent des exemples très remarquables de ces combinaisons de voûtes; et ce système qui s'est multiplié à l'infini, subsiste encore dans la plupart des îles de l'Archipel.

Dans cette seconde période, les dômes se multiplient et finissent par régner même au-dessus du porche. Les façades latérales doivent aussi nécessairement suivre le même système que les façades principales. Dans les façades postérieures, les absides deviennent tout-à-fait polygonales et percées de fenêtres à deux et trois ouvertures. Dans l'intérieur, la mosaïque l'emporte sur l'ornementation en marbre, qu'on laisse encore subsister seulement aux soubassements. Les nefs se simplifient, les piliers carrés remplacent les colonnes qui deviennent de plus en plus rares, les pendentifs se modifient et se varient. Les voûtes, se divisant par zônes horizontales, se décorent de peintures; dans les coupoles une tête colossale du Christ occupe le centre, et autour se groupent une série d'anges. Les dômes qui surmontent les églises de la dernière partie de cette seconde période diffèrent de ceux qui les précèdent, en ce que la partie circulaire des fenêtres qui règnent à l'entour pénètre dans la partie sphérique. Cette seconde période, comme on le voit, a d'abord beaucoup embelli l'art bysantin et l'a ensuite beaucoup modifié.

TROISIÈME PÉRIODE.

Un troisième mode se présente enfin dans l'art bysantin, alliant les architectures chrétiennes de l'Italie et de la Grèce. Dans ce nouveau système, dû surtout à l'influence des conquêtes vénitiennes, le plan se rapproche un peu des plans des basiliques latines; dans les façades, les inclinaisons des toits sont indiquées par des frontons, et Athènes nous fournira surtout de nombreux exemples, où ce système de réaction de l'Occident sur l'Orient se fait surtout remarquer. Les tribunes des femmes ont disparu; quelques places leur sont seulement réservées dans les nefs latérales. Mais où cette influence étrangère se fait surtout sentir, c'est dans la profusion et la richesse des ornements qui accompagnent les différents détails d'architecture. Les peintures à fresque, qui ont remplacé la mosaïque, se multiplient au point de finir par imiter le marbre jusqu'alors employé dans les soubassements. Des voûtes en berceau règnent sur toute la longueur de l'édifice; les fenêtres sont closes par des tablettes en pierre ou en marbre, percées de trous circulaires. Les chambranles des portes deviennent d'un travail plus recherché; quant aux distributions intérieures, elles sont les mêmes que dans les systèmes des précédentes époques. Cette dernière période, que je fais terminer à l'invasion de la Grèce par les Turcs, peut être considérée comme se prolongeant encore de quelques siècles, vu l'état stationnaire des arts en Grèce jusqu'au moment de la dernière guerre de l'indépendance.

AUTELS.

L a plupart des anciens autels des églises byzantines ont disparu; quelques socles de pierre ou de marbre, de formes carrée, octogone ou circulaire, se trouvent encore çà et là, mais sans être élevés sur des gradins comme l'autel latin. En avant de l'autel, et pour séparer la nef du sanctuaire, s'élève une clôture sacrée dans laquelle sont placées trois portes, qui s'ouvrent et se ferment à plusieurs reprises, afin de voiler ou découvrir l'autel; ces portes sont souvent remplacées par des rideaux, qui, par le luxe des broderies et des couleurs, s'harmonisent parfaitement avec la richesse d'ornementation et de peintures, décorant cette clôture sacrée. Les Grecs modernes, fidèles à leurs traditions, ont conservé cette ancienne disposition dans leurs nouvelles églises, et on peut se convaincre de leur scrupuleuse imitation par les fragments épars qu'on trouve encore dans plusieurs églises byzantines, et surtout dans l'église de St-Marc à Venise, qui possède une de ces belles clôtures.

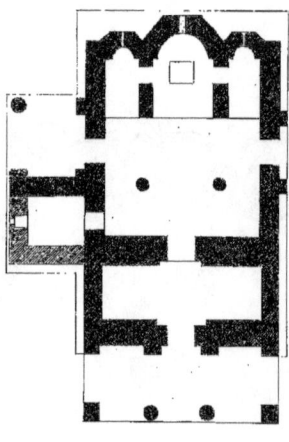

ÉGLISE DE SAMARI.
(Péloponèse.)

EXPLICATION DES PLANCHES.

ÉGLISES BYSANTINES

EN GRÈCE.

ATTIQUE. — ATHÈNES.

Dès les premiers temps du christianisme, Athènes, déchue de son ancienne splendeur, sut encore trouver quelque célébrité comme ville chrétienne. Vers l'an 44 on y lut pour la première fois, dans les jardins de l'Académie, l'Evangile de saint Matthieu, écrit et composé en grec, et dix ans plus tard celui de saint Marc; mais ce fut seulement dans le milieu du IIe siècle qu'on vit l'esprit divin se manifester dans la ville où l'on doutait de tout. A cette époque les fidèles, attentifs à conserver l'histoire de leur Eglise naissante, instituèrent les logothètes ou notaires publics, afin de recueillir les actes des martyrs, et d'écarter tout ce qui pouvait altérer le dogme. Athènes fut une des premières à décerner des honneurs publics à Constantin, et à recevoir ses lois. En 337, Constance, successeur de Constantin, fait présent de plusieurs îles à cette même ville, dont Julien ne s'éloigna qu'en versant des larmes; Minerve, qu'il invoquait chaque jour, régnait encore au Parthénon, et cependant la foi avait établi le dogme, car les Grégoire, les Cyrille, les Basile, les Chrysostôme puisèrent leur sainte éloquence dans la patrie de Démosthènes.

En 408, à la requête de saint Augustin, Honorius affecta les revenus des temples païens à la subsistance des troupes; mais ce ne fut qu'une déception, car les historiens du temps nous apprennent que les prélats d'Athènes, devenus possesseurs à cette époque des dotations affectées au service des dieux et déesses, ne se rendaient aux temples de Minerve, de Thésée, et de Jupiter Olympien, convertis en églises, que montés sur des chevaux blancs, et entourés d'un clergé magnifiquement vêtu; les archontes entraient à l'église à cheval, et les dames athéniennes, escortées d'eunuques, s'y faisaient porter en litière, pour applaudir, elles aussi, ceux des jeunes clercs qui avaient le mieux chanté et dansé. Les choses se passaient encore ainsi au temps où Justinien donnait des lois aux 935 villes. Cette époque, on le voit, dut être le beau moment de l'art bysantin, car Athènes comptait alors plus de trois cents églises ou chapelles; et cette multiplicité ne paraîtra pas extraordinaire, quand on saura que, d'après le rite grec, on ne peut célébrer qu'une messe par jour dans chaque église.

Les actes des conciles et le fameux schisme de l'Eglise d'Orient dans le IXe siècle nous apprennent que la religion chrétienne continua d'y fleurir encore quelques années; enfin la patrie des Muses semblait s'effacer peu à peu du livre des nations, lorsque de nouveaux dévastateurs abordèrent à ses plages : Vénitiens, Normands, Siciliens ne se montrèrent que pour dévaster. Alors Athènes, qui échut en partage aux Français, fut élevée en duché par Boniface de Montferrand, et le sieur Othon de la Roche en fut nommé le premier duc : c'est ainsi que les blasons de nos familles historiques furent arborés aux portes de son acropole. Des Français, qui la perdirent en 1282, cette même ville, après avoir passé sous la domination des Espagnols, échut à la famille Acciaïoli, dont le huitième prince de cette maison en fut dépossédé par Mahomet II en 1445. Pendant la domination des Latins, les arts de l'Occident réagirent un moment sur ces contrées; mais une fois passée sous la domination musulmane, Athènes ne produisit plus rien, son feu sacré s'éteignit, trop heureuse quand ses habitants purent, à force d'humiliations et de bassesses, réparer ses églises en ruine! Plusieurs fois alors, et en vain, elle essaya de secouer le joug humiliant des Turcs, mais elle ne put s'en délivrer entièrement qu'en l'année 1831. Enfin cette ville, qui, la croix d'une main et le glaive de l'autre, a pu après tant de siècles reconquérir sa liberté, a été déclarée en 1834 capitale du nouveau royaume Hellénique, et tout nous porte à croire qu'au sein de son indépendance elle saura retrouver son ancienne gloire et porter encore avec éclat le nom si célèbre d'Athènes.

EXPLICATION DES PLANCHES.

PLANCHE I.

ANCIENNE ÉGLISE MÉTROPOLITAINE D'ATHÈNES.

ÉTAT ACTUEL.

La première église que nous avons à classer, par ordre de date et de suprématie, est l'ancienne église métropolitaine, aujourd'hui convertie en bibliothèque publique. Sa construction en marbre blanc, composée en partie de fragments antiques, son plan carré et sa façade encore empreinte du style des basiliques, nous font présumer que l'époque de sa fondation remonterait au VIe siècle. Les clôtures de ses fenêtres sont en marbre, et percées de trous circulaires pour recevoir des verres. L'intérieur, dans lequel on parvient par un vestibule (νάρθηξ), éclairé par d'étroites ouvertures placées sur les façades latérales, laisse encore voir les traces de peintures à fresque et à deux tons jaune et bistre. Comme on peut s'en convaincre par son échelle, cette église, trop petite pour servir de cathédrale, a été depuis longtemps abandonnée (1827), et une nouvelle église provisoire dédiée à sainte Irène la remplace, en attendant que le gouvernement hellénique ait pu, comme il le désire, construire une cathédrale digne de la capitale qui la consacre. Cette église, de même que toutes celles dont nous avons à nous occuper ici, est tournée vers un point de la boussole de manière que le prêtre étant à l'autel puisse regarder l'orient. Aussi trouve-t-on toujours dans les absides une fenêtre étroite et peu élevée au-dessus du sol, pour faciliter cette vue. Cette orientation, comme on le voit, est exactement l'opposé des temples païens.

Le plan de cette église se trouve planche II, fig. 3.

PLANCHE II.

ÉGLISE DE SAINT-PHILIPPE.

ÉTAT ACTUEL.

Quoique d'une petite dimension, et d'une extrême simplicité, cette église doit cependant trouver place dans notre Recueil, par l'exemple qu'elle nous fournit de ce principe si vrai en architecture, qui veut que la façade extérieure d'un monument ne soit que la représentation de sa conformation intérieure, ou pour mieux faire comprendre notre idée, la coupe traduite en façade. Cette église était, par exception, recouverte par un comble en charpente, et en cela ainsi qu'en son plan elle n'a pas renié son origine latine. Au-dessus de la porte principale se trouve placée une niche à fronton, dans laquelle est représenté par une fresque le portrait du saint auquel elle est consacrée. Au-dessus de cette niche on retrouve encore l'indication de plusieurs trous qui nous font croire qu'ils étaient destinés à supporter une partie de la charpente d'un léger portique, dont l'emploi était d'abriter de l'ardeur du soleil et de la pluie les enfants qu'on initiait aux mystères de la religion chrétienne. Comme on le voit, les Grecs du Bas-Empire n'avaient fait qu'imiter les anciens Grecs, chez qui la jeunesse recevait l'enseignement en plein air sous les portiques, usage que les Grecs modernes ont encore su maintenir.

Dans l'intérieur, à l'extrémité des galeries latérales, sont établies deux absides secondaires, reproduites dans les mêmes proportions que l'abside principale (Aψίs), système adopté dans le Ve siècle par les basiliques latines.

Cette église est dans un état de ruine presque complet; la façade et l'abside sont seules debout, et tout porte à croire que dans quelques années la main de l'homme aura achevé l'œuvre du temps. Sur les murs intérieurs, on retrouve encore les traces de peintures à fresque.

  Fig. 1. Façade principale.
  Fig. 2. Plan.

ATTIQUE. — ATHÈNES.

PLANCHE III.

DOME DE L'ÉGLISE DE LA GRANDE VIERGE.

ÉTAT ACTUEL.

Victime de l'exhaussement du sol de la nouvelle ville, cette église se trouve actuellement enterrée, et son dôme, qui seul apparaît hors de terre, s'élève modestement au milieu du bazar et au pied du clocher élevé par lord Elgin (1). Ce dôme, qui paraît appartenir à la fin de la deuxième période, diffère surtout de ceux qui l'ont précédé dans le surbaissement de sa forme hémisphérique portée sur un plan octogone, et sur ses fenêtres dont l'archivolte pénètre dans la partie sphérique.

Sa construction est en pierre dont les assises sont séparées par des briques; les fermetures de ses fenêtres sont établies de la même manière que celles de l'ancienne église métropolitaine (planche I). L'intérieur de cette petite église, dans lequel on pénètre par une des ouvertures du dôme, a encore conservé les traces de ses peintures à fresque.

Fig. 1. Vue perspective du dôme.
Fig. 2. Plan du dôme.
Fig. 3. Pilastre d'angle surmonté d'une tête servant de gargouille.
Fig. 4. Détail de l'archivolte.
Fig. 5. Coupe prise sur une ouverture du dôme.

---

(1) Ce clocher a été élevé à Athènes par lord Elgin, en dédommagement des trésors qu'il lui avait volés; et dans la crainte que son nom ne passât pas à la postérité, le noble lord a eu soin de faire graver sur le marbre, au-dessus de la porte d'entrée, ses noms, ses qualités et les termes de sa reconnaissance. Sur une des colonnes du Parthénon se trouve également tracée une inscription en son honneur, mais de la main de lord Byron : *Quod Scotus fecit, barbari non fecerunt.*

PLANCHE IV.

ÉGLISE DE LA VIERGE DU GRAND MONASTÈRE.

ÉTAT ACTUEL.

Cette église, actuellement livrée au culte, est construite en pierre avec des lignes de briques figurant les assises. Sur ses façades se trouvent placés quelques fragments antiques; à l'intérieur, les peintures ont disparu sous une couche de badigeon ; dans la niche placée au-dessus de la porte principale est représentée une vierge entourée d'anges, et au-dessous des Pères de l'Eglise. Au-dessus de la niche existent encore les consoles en pierre qui ont dû servir à supporter le portique dont nous avons parlé pour l'église de St-Philippe (pl. II). On peut remarquer sur cette église, qui daterait de la fin de la deuxième période, combien les voûtes extérieures ont été reproduites avec fidélité dans la forme extérieure.

Parmi les parties de restauration modernes, on remarque une clôture sacrée dont les peintures, quoique d'une époque toute récente, ont conservé le caractère naïf des premières productions des artistes du Bas-Empire. A ce sujet, nous signalerons l'existence d'un couvent situé dans la presqu'île de Marathon, dont le travail des religieux (Καλογέροι) est entièrement consacré à la confection des tableaux et images d'églises. Toutes ces peintures ne sont point des inventions modernes, mais bien des reproductions et réductions d'après les patrons originaux dont ces Caloyers ont si religieusement conservé l'héritage. C'est ainsi que les prêtres grecs ayant dès le principe imposé à l'art des restrictions pour l'empêcher de se rapprocher de la nature, les artistes, qui ne pouvaient s'écarter de l'original ni déployer toute la puissance de leur pinceau, ont su relever leur dessin froid et servile par un luxe d'ornementation, dont l'or et l'argent, employés en relief, sont appelés à jouer le plus grand rôle.

Fig. 1. Façade principale.
Fig. 2. Vue perspective de la façade postérieure.
Fig. 3. Plan.
Fig. 4. Coupe de la niche.

PLANCHES V ET VI.

ÉGLISE DE SAINT-JEAN.

ÉTAT ACTUEL.

Sur le versant de l'acropole faisant face au levant, se trouve placée l'église de St-Jean surnommé Précurseur, dont la construction d'une extrême simplicité est en même temps très convenable. Comme les églises que nous avons décrites plus haut, elle a aussi son saint au-dessus de la porte, des traces de console indiquant l'existence du portique, et dans son fronton quelques sculptures du Bas-Empire.

Il n'existe de cette église que ce qui est donné dans les planches V et VI. Dans l'intérieur, on y voit encore quelques traces de peintures à deux tons. Tous les cintres, comme on peut le remarquer, ont une légère tendance à l'ogive, ce qui nous indiquerait que la fondation de cette église remonterait à une époque de transition. A l'extrémité des nefs latérales sont établies deux absides secondaires; ces deux absides, encore parfaitement conservées dans cette église, avaient aussi leur destination spéciale. Dans l'une, on déposait les vases sacrés et les objets précieux; dans l'autre, les livres, missels, diplômes, enfin les archives de l'église. Ne sont-ce pas là les premières ébauches de ces indispensables trésors et chartiers de nos monuments du caractère ogival? Beaucoup d'églises grecques modernes ont encore su conserver ces pieuses traditions. Dans l'église de St-Démétrius à Smyrne, on peut encore admirer la richesse des vases sacrés qui sont contenus dans l'une de ces absides.

Pl. V. { Fig. 1. Façade principale.
{ Fig. 2. Coupe prise sur la largeur.
Pl. VI. { Fig. 1. Coupe prise sur la longueur.
{ Fig. 2. Plan.

PLANCHE VII.

ÉGLISE DES INCORPORELS.

ÉTAT ACTUEL.

Encore une de ces petites églises dont Athènes possédait un si grand nombre et dont la vue est des plus pittoresques ; ce dôme, ces trois absides, cette construction de pierres et briques concourent tous à l'effet général. A l'intérieur les peintures s'y montrent encore dans tout leur éclat, mais ici la fresque moderne imitée de l'ancienne s'y trouve posée sur une couche de mortier mêlé à de la paille hachée. Ce qu'il y a de plus à remarquer dans ce petit monument, c'est l'emploi sur les portes du cintre en fer-à-cheval, trait caractéristique de l'architecture moresque. A ce sujet, nous ferons remarquer que si les Mores ont emprunté des architectes byzantins ce caractère original donné à l'arc pour en faire le principe de toute leur architecture, on doit dire également que les Grecs avaient auparavant emprunté ce trait architectural des Persans, puisqu'on retrouve cet arc dans les plus anciens monuments de la Perse. Cet emprunt est d'autant plus probable que, parmi les architectes du temps de Constantin que nous connaissons, on remarque un certain persan nommé Métrodoros, et l'on sait que plus tard Justinien employa aussi des persans à l'étude de ses projets. De tout cela n'est-il pas logique de conclure que l'influence réciproque exercée sur l'art par le goût persan et le goût byzantin devait encore s'augmenter quand ces deux pays furent soumis aux lois de Mahomet ? On ne s'étonnera donc pas si la hellade restée en dehors de cette influence religieuse a emprunté, comme on le voit dans cette petite église, un de ces traits saillants de l'architecture orientale, et si les monuments de l'Asie-Mineure, de la Syrie, de l'Égypte, de l'Espagne, de la Sicile ont aussi emprunté à leur tour à ceux de Constantinople ; car, si quelques siècles auparavant Justinien employa des architectes persans, Abdérame, roi de Cordoue, n'a-t-il pas appelé plus tard en Espagne des architectes de Constantinople ?

Fig. 1. Vue perspective.
Fig. 2. Plan.

ATTIQUE. — ATHÈNES.

PLANCHES VIII, IX et X.

ÉGLISE DE SAINT-THÉODORE.

ÉTAT ACTUEL ET RESTAURATION.

De toutes les églises que possède la ville d'Athènes, Saint-Théodore est certainement une des mieux conservées et des plus complètes, comme on peut en juger par ses trois absides, son dôme et son clocher. Quant à l'intérieur de cette église, les peintures ont disparu sous la couche de badigeon. La clôture sacrée, les meubles et l'ambon (ἄμβων) ont été replacés. Sa construction est en pierre porique, séparée par des assises de briques; la seule particularité qu'elle offre est une frise en terre cuite régnant sur la façade et les deux faces latérales ornées en outre d'une porte remarquable de proportion, et surmontée d'un arc en brique et à fer-à-cheval.

La planche VIII représente la vue pittoresque de cette église, telle qu'elle se trouve actuellement sur une des places de la nouvelle ville.

Pl. VIII. (Lithographie). — Vue pittoresque de l'église de Saint-Théodore.
Pl. IX. { Fig. 1. Façade principale.
         { Fig. 2. Plan.
Pl. X. { Fig. 1. Coupe sur la largeur.
         { Fig. 2. Façade latérale.

PLANCHES XI, XII et XIII.

ÉGLISE DE SAINT-NICODÈME.

ÉTAT ACTUEL ET RESTAURATION.

Nous arrivons cette fois à la plus complète et surtout à la plus grande de toutes les églises d'Athènes. Son plan, qui est un carré long, est encadré intérieurement d'une galerie voûtée destinée à en supporter une seconde destinée aux femmes. La façade est percée de trois portes, et les façades latérales de quatre. Au premier étage, une série d'ouvertures ont été disposées pour éclairer la galerie. La toiture en terrasse, qui fait exception à toutes les autres églises d'Athènes, est surmontée d'un dôme large et élevé, existant actuellement au tiers. Il est même probable que dans un temps donné l'église elle-même aura pris la même projection que le dôme, vu son état de ruines, laissant seulement dans la mémoire des artistes qui ont pu la voir, la dessiner et l'admirer, le souvenir ineffaçable de ses grandes et belles proportions; car elle résume, à elle seule, tout ce qu'il y a de plus complet dans cette période de l'art byzantin. Les peintures qui ont encore survécu sont éclatantes de tons et de dorures. Dans les dessins que je donne de cette église, toutes les ouvertures actuellement murées ont été indiquées dans leur état primitif, le dôme a été également indiqué dans son entier. Sur les façades on peut encore remarquer une frise en terre cuite, ayant à peu près les mêmes ornements que celle de Saint-Théodore, et régnant tout autour de l'édifice.

Pl. XI. { Fig. 1. Façade principale.
{ Fig. 2. Façade postérieure.
Pl. XII. { Fig. 1. Façade latérale.
{ Fig. 2. Plan.
Pl. XIII. Coupe sur la longueur.

Qu'il me soit ici permis de rendre hommage aux précieux renseignements que m'a fournis sur cette église le savant et digne M. Schnorber, architecte de Sa Majesté hellénique.

PLANCHES XIV et XV.

ÉGLISE DE KAPNICARÉA.

ÉTAT ACTUEL.

Encore une église que le temps a épargnée, mais que les hommes n'épargneront pas; car l'impitoyable voirie a jeté depuis longtemps son dévolu sur elle pour avoir eu le malheur de se trouver sur l'axe d'une des grandes rues de la nouvelle Athènes, et surtout sur la voie qui conduit directement au nouveau palais : espérons toutefois qu'en considération de ses souvenirs (la tradition en attribue la fondation aux libéralités d'une impératrice de Constantinople), de ses formes pures et de sa solidité actuelle, on prolongera son existence encore de quelques années.

Son plan, très simple et très convenable, a reçu plus tard l'addition d'un portique se raccordant parfaitement à l'architecture extérieure; à l'intérieur aucune trace de peintures. Je tâcherai de passer ici sous silence le barbarisme de petite église indiqué en gris sur le plan et la façade postérieure, et que j'abandonne dès aujourd'hui à la régularité.

Pl. XIV. Vue pittoresque de l'église, prise de la rue d'Hermi.
Pl. XV. { Fig. 1. Façade postérieure.
{ Fig. 2. Plan.
{ Fig. 3. Détail d'une des fenêtres des petites apsides.

PLANCHE XVI.

ÉGLISE DE SAINT-TAXIARQUE.

ÉTAT ACTUEL ET RESTAURATION.

Quoique très petite, cette église n'est pas cependant dénuée d'intérêt pour celui qui veut se livrer à l'étude des monuments chrétiens de l'Orient. Elle possède, comme on le voit, sur sa façade, un mur percé d'un arc destiné à recevoir une cloche. Ce mur ainsi que la façade ont été ajoutés à l'ancienne église; mais sans présenter aucune différence de style, soit à l'intérieur, soit à l'extérieur. Les ouvertures du dôme ont encore conservé leurs anciennes clôtures; l'église se trouvant actuellement enterrée de 2 mètres, j'ai cru devoir faire disparaître cela sur les dessins, ainsi que les ouvertures bouchées et couvertes de mauvaises peintures, que j'ai indiquées dans leur état primitif.

Dans le narthix se trouve en ce moment un large sarcophage destiné sans doute aux fonts baptismaux, car dans tout l'Orient le baptême ne s'administre jamais que par immersion. On reconnaît encore dans l'intérieur de cette église quelques traces de peintures murales.

Pl. XVI.
- Fig. 1. Plan.
- Fig. 2. Façade principale.
- Fig. 3. Façade postérieure.
- Fig. 4. Coupe sur la longueur.

PLANCHES XVII et XVIII.

MONASTÈRE DE DAPHNI.

ÉTAT ACTUEL.

C'est à dix kilomètres environ d'Athènes, entre deux montagnes sur la route qui conduit actuellement d'Athènes à Levsina (l'ancienne Eleusis), et non loin des substructions de l'ancien temple de Cérès, que s'élève encore aujourd'hui, comme une masse imposante et pittoresque, l'église de l'ancien monastère de Daphni. Placé sur un des points élevés de la route, on découvre du haut de sa terrasse, d'un côté la plaine brûlée de l'Attique, et de l'autre le golfe de Salamine, au fond duquel apparaît encore l'ancienne acropole d'Eleusis. Aussi la position avantageuse de cette église l'a-t-elle fait choisir, pendant la guerre de l'indépendance, pour un poste militaire qui lui est redevable des nombreuses marques de spoliation qu'elle lui a attirées; car, si l'église est encore debout, son cloître entièrement détruit ne présente plus d'autre indication de son existence qu'un mur d'enceinte crénelé. Dans les parties encore conservées de l'édifice on aperçoit un autre genre de mutilation : ce sont les marques des feux de peloton et des yatagans turcs sur les têtes des saints. L'église de ce monastère est certainement, avec Saint-Nicodème d'Athènes, une des plus belles et surtout la plus riche de toutes les églises grecques. On aperçoit encore à l'intérieur, et dans un parfait état de conservation, de magnifiques peintures en mosaïque. Dans la coupole, on y retrouve, comme à Saint-Nicodème, la tête colossale du Christ. Je regrette surtout ici de n'avoir pu donner des dessins des peintures ; mais la couche épaisse de fumée noire qui les recouvre, jointe à l'obscurité intérieure, m'ont empêché d'en dessiner toutes les vues. Son plan est à peu près le même que celui de Saint-Nicodème, seulement ici la tribune ne règne que sur le narthix. La partie supérieure du clocher est de construction moderne.

Pl. XVII.   Vue pittoresque de la partie postérieure de l'église.
Pl. XVIII. { Fig. 1. Croisée latérale.
            { Fig. 2. Plan.

PLANCHE XIX.

DÉTAILS A CHALCIS.

ÎLE D'EUBÉE.

Parmi les conquérants qui ont longtemps occupé la Grèce et plus particulièrement l'île d'Eubée, les Vénitiens viennent se placer en première ligne. Aussi ne s'étonnera-t-on point de trouver parmi les monuments chrétiens de cette cité, une forte tendance vers l'architecture ogivale de l'Occident. Les artistes qui ont élevé tous ces monuments étaient, à ce que je présume, les mêmes que ceux qui ont élevé tous les monuments de cette époque en Grèce; seulement, ici, on trouve parmi les fondateurs des monuments de cette île des noms italiens, comme on peut encore lire sur un des piliers intérieurs de l'église de Saint-Paraskévi le nom du baron vénitien, fondateur de l'église.

On voit en outre dans cette même île de nombreux et beaux travaux exécutés sous la domination vénitienne, tels qu'aqueducs, forteresses, etc. Quant aux monuments religieux, peu ont survécu à la domination musulmane qui a aussi laissé de belles traces dans cette île, car c'est la seule ville de Grèce qui ait encore conservé un cachet oriental : mosquées, minarets, bains, etc., tout s'y trouve et concourt à donner à cette petite capitale une vue des plus pittoresques. Je ne puis donc ici donner d'autre exemple de cette architecture byzantine ogivale que les détails de la planche XIX, qui appartiennent aux ruines d'une de ces petites églises.

Pl. XIX.
Fig. 1. Chapiteau.
Fig. 2. Ensemble de la fenêtre géminée.
Fig. 3. Coupe de l'imposte.
Fig. 4. Coupe de l'archivolte.
Fig. 5. Clef de voûte à l'église de Saint-Paraskévi.

PLANCHES XX, XXI, XXII, XXIII, XXIV et XXV.

ÉGLISE DE LA VIERGE.

ÉTAT ACTUEL.

Avant de parler de la ville de Mistra, nous commencerons par donner quelques explications sur l'église de la Vierge, qui est un des plus grands monuments de cette ville, en même temps que le mieux conservé et le plus complet de cette période de l'art au moyen-âge. Cette église, placée sur le versant de la montagne contre laquelle est bâtie toute l'ancienne ville de Mistra, et située au milieu des jardins, faisait autrefois partie d'un couvent dont plusieurs cellules existent encore placées latéralement et à 4 mètres en contre-bas du sol de l'église. Une large rampe, disposée en avant de l'entrée, donnait accès à un portique régnant sur deux des côtés de l'église. Trois portes placées sous le portique donnaient ensuite entrée dans le temple, dont le plan ressemble beaucoup à celui d'une basilique latine. La nef, précédée d'un narthix, se termine au fond par ses trois apsides bien accusées. Au premier étage une large galerie destinée aux femmes règne sur le narthix et les deux nefs latérales : on parvient à cette galerie par des degrés placés extérieurement. Un clocher placé parallèlement au grand axe de l'église accompagne très bien les deux façades. Sur la face principale (pl. XX), le portique extérieur est en partie détruit ; le clocher lui-même n'est pas exempt de mutilations ; au-dessus de la porte de cette façade, on retrouve encore des traces de peinture représentant la Vierge (παναγία), patronne de l'église. Sur le côté de cette façade opposée au clocher, on voit aussi la rampe et le pont qui conduisent à la galerie des femmes. Sur ses côtés (pl. XXI), l'église se montre d'une manière plus complète et moins mutilée; le clocher surtout, vu de ce côté, est intact; le dôme principal seul est de construction moderne. La partie postérieure (pl. XXII), est également très bien conservée, et présente une grande richesse d'ornementation. Dans l'intérieur, les peintures murales, représentant des sujets tirés de l'ancien Testament, apparaissent encore dans tout leur éclat et leur fraîcheur, s'alliant parfaitement à la couleur locale de l'église et aux marbres des colonnes et du pavé. Quant aux détails de cette église, ils présentent tous une grande richesse de moulures, un fini d'exécution et des profils remarquables. La construction de cette église est en pierre avec assises de briques : les portes, les colonnes et le pavé sont seuls en marbre.

Pl. XX. Façade principale.
Pl. XXI. Façade latérale.
Pl. XXII. Coupe prise sur la largeur.
Pl. XXIII. { Fig. 1. Coupe prise sur la longueur.
Fig. 2. Plan.
Pl. XXIV. Vue pittoresque de la partie postérieure de l'église.
Pl. XXV. { Fig. 1. Face et profil de la porte donnant sur le portique latéral.
Fig. 2. Face et profil de la porte extérieure de la façade principale.
Fig. 3. Face et profil de la porte donnant du narthix dans la nef.
Fig. 4. Détail des arcs inférieurs de la façade postérieure.
Fig. 5. Rosace en pierre et briques du clocher.
Fig. 6. Angle supérieur du clocher, en pierre et briques.
Fig. 7. Arc et colonne de la troisième galerie du clocher.
Fig. 8. Angle en pierre et briques de la façade latérale et de l'apside.
Fig. 9. Colonne intérieure en marbre.

PLANCHES XXVI et XXVII.

REMPARTS DE MISTRA.

ÉTAT ACTUEL.

MISTRA est une ville dont la fondation remonte au moyen-âge, et que beaucoup de voyageurs ont longtemps confondue avec l'ancienne Lacédémone, dont elle est cependant éloignée de 6 kilomètres. Mistra est d'origine française, et sa fondation remonte à l'an 1207, après le débarquement des Français en Morée. C'est à cette époque que Guillaume de la Ville-Hardoin ayant fait construire sur une des pointes élevées du Taygète un fort auquel il donna le nom de Mistra, la ville qui vint se placer sous la protection de cette forteresse en adopta aussi le nom. Cette place, autrefois une des plus importantes de la Morée, se divisait en deux parties distinctes : la première et la seconde enceinte; car je ne parle pas ici d'une troisième partie de la ville de Mistra, placée en dehors et au-dessous, dont la fondation est plus récente. Ces deux parties de la ville sont entourées de remparts fort élevés; la deuxième enceinte est presque entièrement occupée par un palais d'architecture sarrasine. C'est une tête d'un des remparts de la première enceinte que nous donnons ici. Derrière cette tête était sans doute placé un autel sans abri, et dédié à la Vierge, protectrice de la ville. Ces remparts ont, comme on peut en juger ici, un aspect très féodal et très religieux en même temps.

Pl. XXVI. { Fig. 1. Tête de rempart.
{ Fig. 2. Coupe.
{ Fig. 3. Détail de la croix.
Pl. XXVII. Plan et vue pittoresque de l'église de St-Nicolas.

PLANCHE XXVIII.

CHAPELLE A ANDROUSSA. — PÉLOPONÈSE.

ÉTAT ACTUEL.

Androussa est encore une de ces villes qui, selon toutes probabilités, doit son origine au moyen-âge. Détruite lors de la révolution grecque, elle commence à se relever de ses ruines, ne laissant d'autre témoin de son ancienne existence que les traces de son château-fort. La chapelle dont nous donnons ici le dessin est placée sur le versant d'un coteau boisé, et au nord des ruines de cet ancien château. Quoique placée dans un endroit isolé, la construction de cette chapelle ainsi que son style en sont très soignés. La pierre et la brique font toute sa richesse.

Figures. { Vue pittoresque.
{ Plan.

PLANCHE XXIX.

ÉGLISE DE SAMARI. — PÉLOPONÈSE.

ÉTAT ACTUEL.

C'est dans un endroit solitaire et non loin des ruines d'Androussa qu'on aperçoit la petite église de Samari. Cette église, qui dépend du couvent de Vourkano, produit dans l'endroit où elle se trouve l'effet le plus pittoresque, et se fait surtout remarquer par sa belle construction : ses toits et son clocher lui donnent, au milieu de la végétation qui l'entoure, un parfum religieux qui invite à la prière. Son intérieur est couvert de peintures à fresque, et les colonnes qui supportent son dôme sont en marbre blanc.

Figures. { Vue pittoresque.
{ Plan.

PLANCHE XXX.

APSIDES A MISTRA.

MISTRA, comme je l'ai dit plus haut, était jadis une ville importante; ses ruines le montrent du reste assez. Elle possédait un évêché et de nombreuses églises; peu de ces églises ont pu résister à la crise révolutionnaire. La partie la plus intéressante de l'église, l'apside seule, est souvent ce qu'il reste de ces basiliques. L'église de la Vierge, dont nous avons donné plusieurs dessins, est une des plus grandes et des plus belles églises de Mistra; après elle se place l'église de Sainte-Sophie qui possède un clocher semblable, mais dont le plan ressemble surtout à l'église de Saint-Nicodème d'Athènes. Cette église possède, au dire des habitants, le portrait du fameux Paléologue, que j'ai beaucoup cherché, mais que je n'ai pu reconnaître parmi les peintures à moitié détruites. Les apsides que nous donnons ici sont, comme on le voit, très simples, et l'on n'en trouve même pas de même genre ailleurs qu'à Mistra : ce sont tout simplement des niches intérieures, faisant extérieurement une saillie supportée par quelques arcs. La figure 1 est encore plus simple : c'est un mur lisse, sans autres ornements que quelques arcs s'ajustant très bien dans le triangle du fronton. Ces ruines et les cyprès qui les entourent donnent à cette ville un aspect des plus particuliers et des plus tristes que l'on puisse voir en Grèce; mais l'esprit revient bientôt à de meilleures dispositions en regardant devant soi la belle et fertile plaine de la Laconie, que vient arroser le célèbre Eurotas, et dans laquelle on a peine à reconnaître l'emplacement de l'ancienne Sparte.

Pl. XXX. { Fig. 1. Fig. 2. Fig. 3. } Apsides de la première enceinte.

PLANCHES XXXI, XXXII et XXXIII.

SCULPTURES.

'ai déjà dit précédemment que les chrétiens, avant de se créer une nouvelle architecture, convertirent d'abord les temples païens en églises chrétiennes. On comprendra donc facilement que les premières productions qui suivirent cette première révolution religieuse, furent toutes empruntées sur les types qu'ils avaient constamment sous les yeux; quand plus tard le génie créateur les inspira, ils eurent recours aux matériaux qu'ils avaient sous la main, et la sculpture antique vint tout naturellement prendre rang dans leurs nouvelles constructions : ce n'est que plus tard qu'ils songèrent à modifier les ornements dont ils s'étaient servis jusqu'alors. Aussi, dans les premières églises byzantines de la première période, reconnaît-on beaucoup de fragments antiques; dans celles de la deuxième période, les mêmes fragments antiques, mais déjà modifiés; enfin, dans la troisième période, ils dénaturèrent complétement leur premier modèle; les moulures devinrent aussi très refouillées, et les ornements d'une forme toute différente. On jugera, par les fragments que je mets sous les yeux, de ces divers genres de sculpture.

Pl. XXXI.
- Fig. A. Cordon intérieur du dôme de l'église de la Vierge, à Mistra.
- Fig. B. B. Ornements en pierre et détails en terre cuite de l'église de St-Nicodème, à Athènes.
- Fragments divers trouvés à Athènes.

Pl. XXXII.
- Fig. 1. Couronnement de la clôture sacrée de l'église épiscopale de Mistra.
- Fig. 2 et 3. Ornements divers.
- Fig. 4. Profil de la figure 3.

Pl. XXXIII.
- Fig. 1. Base à l'église de Ste-Sophie, à Mistra.
- Fig. 2. Base de la même église.
- Fig. 3.
- Fig. 4. } Colonnes, chapiteaux et bases de l'église de Kapnicaréa, à Athènes.
- Fig. 5.
- Fig. 6. Retombée d'un arc de l'église de St-Nicolas, à Mistra.
- Fig. 7. Croix placée sur la façade de l'église de la Vierge du Monastère, à Athènes.
- Fig. 8. Chapiteau à Athènes (Musée du temple de Thésée).

PLANCHES XXXIV et XXXV.

MANUSCRITS.

Avant la guerre de l'Indépendance, les couvents grecs passaient pour très riches en manuscrits ; malheureusement, très peu de ces richesses ont pu parvenir jusqu'à nous. Les couvents de Megaspiléon en Morée, et de Saint-Lucas en Livadie, possédaient entre autres les plus belles collections. Ceux du mont Athos ont encore quelques livres curieux. Pour moi, je ne peux donner ici que des fac-simile tirés d'un Evangile qui se trouve en ce moment dans la bibliothèque d'Athènes. Ces deux manuscrits, qui sont sur vélin, sont représentés ici en grandeur d'exécution.

  Pl. XXXIV. { Evangile selon saint Jean.
  Pl. XXXV. { Evangile selon saint Mathieu.
Traduction du titre : *Le saint et grand Dimanche de Pâques.*

PLANCHES XXXVI et XXXVII.

ORNEMENTS PEINTS.

Comme je l'ai expliqué pour les planches précédentes, toutes les églises grecques étaient couvertes intérieurement de peintures à fresque : les sujets de ces peintures étaient tous tirés de l'Ecriture-Sainte. Ces peintures s'ajustaient entre elles par des cordons et des panneaux remplis d'ornements plus ou moins variés. Ce sont quelques-uns de ces ornements que je donne ici sur une échelle de 0,16 cent. par mètre. La plupart de ces ornements ont été pris dans les églises d'Athènes, de Morée, et particulièrement dans celle de Saint-Nicodème à Athènes. Ces ornements ont surtout une grande importance pour ceux qui auront à s'occuper des restaurations des monuments de cette époque du Bas-Empire.

FIN.

TABLE.

TEXTE.

	PAGES.
Introduction.	1 à 6
Attique. — Athènes	9 à 10
Ancienne église métropolitaine d'Athènes	11
Eglise de Saint-Philippe, à Athènes	12
Eglise de la Grande-Vierge.	13
Eglise de la Vierge du Grand-Monastère.	14
Eglise de Saint-Jean	15
Eglise des Incorporels	16
Eglise de Saint-Théodore	17
Eglise de Saint-Nicodème	18
Eglise de Kapnicaréa	19
Eglise de Saint-Taxiarque.	20
Monastère de Daphni	21
Détails à Chalcis	22
Eglise de la Vierge, à Mistra	23 à 24
Remparts à Mistra.	25
Eglise de Saint-Nicolas, à Mistra	25
Chapelle d'Androussa.	26
Eglise à Samari.	26
Apsides à Mistra.	27
Sculptures	28
Manuscrits, Ornements peints.	29
Table.	

PLANCHES.

I. Ancienne église métropolitaine . . . .
II. Eglise de Saint-Philippe. . . . .
III. Dôme de l'église de la Grande-Vierge . . . . .
IV. Eglise de la Vierge du Grand-Monastère. . . . .
V. \
VI. / Eglise de Saint-Jean. . . . .
VII. Eglise des Incorporels . . . .
VIII. \
IX. } Eglise de Saint-Théodore. . . . . Athènes.
X. /
XI. \
XII. } Eglise de Saint-Nicodème . . . .
XIII. /
XIV. \
XV. / Eglise de Kapnicaréa . . . .
XVI. Eglise de Saint-Taxiarque . . . .
XVII. \
XVIII. / Monastère de Daphni . . . . Attique.
XIX. Détails à Chalcis. . . . . Eubée.
XX. \
XXI. |
XXII. |
XXIII. } Eglise de la Vierge. . . . . .
XXIV. | Mistra. . .
XXV. /   Péloponèse.
XXVI. Remparts . . . .
XXVII. Eglise de Saint-Nicolas , ...
XXVIII. Chapelle à Androussa. . . . . . .
XXIX. Eglise à Samari. . . . .
XXX. Apsides à Mistra . . . .
XXXI. \
XXXII. } Sculptures.
XXXIII. /
XXXIV. \
XXXV. / Manuscrits.
XXXVI. \
XXXVII. / Ornements peints.

www.ingramcontent.com/pod-product-compliance
Lightning Source LLC
Chambersburg PA
CBHW070657050426
42451CB00008B/402